COLLECTION
L'IMAGINAIRE

Antonin Artaud

Van Gogh le suicidé de la société

Avant-propos d'Évelyne Grossman

Gallimard

NOTE DE L'ÉDITEUR

La présente édition de *Van Gogh le suicidé de la société* a été établie à partir du texte publié par les Éditions K en 1947, texte corrigé après consultation des cahiers manuscrits d'Antonin Artaud et des archives du legs Paule Thévenin à la Bibliothèque nationale.

AVANT-PROPOS

Van Gogh le suicidé de la société *parut chez K Éditeur à la fin de l'année 1947, quelques mois avant la mort d'Antonin Artaud — non pas suicidé, comme le veut parfois encore une légende tenace —, mais « simplement et sinistrement », ainsi qu'il l'écrivait lui-même deux ans plus tôt de Lautréamont, « trouvé mort [...] au matin levant », au pied de son lit. Le livre, on le sait, fut accueilli avec les éloges de la critique et reçut le prix Sainte-Beuve de l'essai en janvier 1948. La genèse de ce texte magnifique et fulgurant a déjà été racontée : à la demande de Pierre Loeb et suite à sa lecture d'un article du docteur Beer croyant déceler chez le peintre une schizophrénie « du type dégénéré », Artaud se rendit à l'exposition Van Gogh organisée au musée de l'Orangerie ; il écrivit alors très vite le premier jet de ce qui allait devenir un mois plus tard son* Van Gogh.

Non, Van Gogh n'était pas fou, répète Artaud dans ce texte inspiré, ou alors il l'était au sens de cette authentique *aliénation dont la société ne veut rien savoir, elle qui confond l'écriture et le texte (là où tout écrit est corps, dessin, théâtre), elle qui taxe de folie les visions exorbitées de ses artistes et étouffe leur cri dans le « papier imprimé » : « C'est ainsi qu'on a fermé la bouche à Baudelaire, à Edgar Poe, à Gérard de Nerval et au comte impensable de Lautréamont. Parce qu'on a eu peur que leur poésie ne sorte des livres et ne renverse la réalité » (*Lettre sur Lautréamont, *mars 1946). Or, affirme-t-il, la poésie de tous ces aliénés, de ces « suicidés de la société », est vraie. Ils font plus que d'évider la langue, ils parviennent à* trouer *la pensée ; ils inventent une écriture de l'insurrection des bas-fonds de l'esprit, une langue de l'éblouissement des sens qui pulvérise littéralement les assises rationnelles de nos logiques : « celui qui avait quelque chose à dire comme Nietzsche l'a bramé, / il n'a pas construit un système, / c'est beau de dire il y a ça et ça, et puis après ça ne dépasse pas le papier imprimé » (*Histoire vécue d'Artaud-Mômo, *novembre 1946). Les peintres qu'aime Artaud, comme Balthus, Lucas de Leyde, Picasso, Masson, Dubuffet ou Van Gogh, savent eux aussi que toute peinture est foudroiement de la pensée, perforation du regard, « déchirement sonore » (*La Mise en scène et la métaphysique, *1931). Commentant ses propres dessins, il écrit en 1946 : « Je veux dire que nous avons une taie sur l'œil du fait que notre vision oculaire actuelle est* déformée, *réprimée, opprimée, revertie et suffoquée par certaines malversations sur le principe de notre boîte crânienne, comme sur l'architecture dentaire de notre être, depuis le coccyx du bas des vertèbres, jusqu'aux assises du forceps des mâchoires sustentatrices du cerveau ». Et Van Gogh, le fou* extra-lucide, *a le regard de Nietzsche, « ce regard à déshabiller l'âme », capable de nous* disséquer comme au tranchoir, *de provoquer chez celui qu'il regarde « cette espèce de décollement de la rétine » (commentaire du dessin* La Mort et l'homme, *1946) qui frappe de nullité définitive le regard clinique de toute psychiatrie.*

Si le docteur Gachet, qu'Artaud rend ici responsable de la mort de Van Gogh, évoque par plus d'un trait le docteur Ferdière, médecin-chef *de l'asile de Rodez, adepte de l'insulinothérapie et de l'électrochoc, voire tel mystérieux docteur L. (Latrémolière, interne à Rodez ? ou plutôt Lacan, qui vit Artaud à Sainte-Anne et l'aurait déclaré définitivement « fixé », perdu pour la création ?), il n'est ici qu'un pâle figurant de cette médecine normalisatrice et persécutrice dans laquelle Artaud voit le bras armé d'une société prompte à défendre par la force la « santé d'un monde d'avachis » (*Les Malades et les médecins, *juin 1946). Lui qui a passé neuf ans dans des asiles d'aliénés, qui répétera être mort à Rodez dans les transes d'un électrochoc, sait que la médecine crée artificiellement de la mort : « Le Bardo est l'affre de la mort dans lequel le moi tombe en flaque, / et il y a dans l'électrochoc un état flaque / par lequel passe tout traumatisé [...]. J'y suis passé et ne l'oublierai pas » (*Aliénation et magie noire, *juillet 1946). Déjà en 1925, dans* L'Ombilic des Limbes, *il vitupérait les « cons en médecine, pharmaciens en fumier » et autres « médicales punaises », leur réclamant « le droit de disposer de [son] angoisse ». Plus de vingt ans après, l'indignation est aussi radicale : « Ce monde a besoin de cultiver des cobayes pour sa séculaire collection de* *squelettes, / squelettes d'aliénation. / Je dis que la folie est un coup monté / et que sans la médecine elle n'aurait pas existé. » Il est venu un temps, martèle-t-il, « où il fallut choisir entre renoncer à être homme ou devenir un aliéné évident. / Mais quelle garantie les aliénés évidents de ce monde ont-ils d'être soignés par d'authentiques vivants ? » (*Aliénation et magie noire*).*

Artaud ici ne se « prend » pas pour Van Gogh. Il est *« Van Gogh le forcené ». Au même titre qu'il fut en 1924 Paolo Uccello, Abélard, ou Héliogabale* l'anarchiste couronné *en 1934. De même encore qu'il fut Nerval pendu à son réverbère, le pauvre Isidore Ducasse assassiné par Lautréamont, Baudelaire « dans son aphasie terminale », ou Edgar Poe retrouvé mort sur sa bouche d'égout. Renversant le mythe verlainien du poète maudit, Artaud transforme* maudire *(de* maledicere, *dire du mal) en* mal dire. *La malédiction se fait* mal diction *et les suppliciés du langage, à leur tour, supplicient la langue, écorchent la peau des mots, dilacèrent le corps de la pensée.* Suppôts et Suppliciations *: titre d'un des derniers recueils d'Artaud. S'ils « brament de douleur et d'horreur », écrit-il, c'est qu'ils ont abandonné « le langage et ses lois pour les* tordre *». Mal dire est* *infliger à la langue une torsion : éloge de la maladresse, du ratage créateur, de l'avortement du verbe qui parcourt toute l'œuvre d'Artaud. On connaît les termes du fameux préambule à ses* Œuvres complètes *rédigé en août 1946 : « Je sais que quand j'ai voulu écrire j'ai raté mes mots et c'est tout. [...] Que mes phrases sonnent le français ou le papou c'est exactement ce dont je me fous. / Mais si j'enfonce un mot violent comme un clou je veux qu'il suppure dans la phrase comme une ecchymose à cent trous ». Van Gogh ? Un humble illuminé, un modeste aliéné, « un pauvre ignare appliqué à ne pas se tromper », et qui peint avec une « désarmante simplicité », sur des toiles « de médiocre dimension », les objets les plus triviaux de la réalité quotidienne : « le simple motif d'un bougeoir allumé », une chaise, un lit, un « édredon rose crevette ». J'écris « pour les analphabètes », dit Artaud. Van Gogh, lui, peint pour les simples d'esprit. Et pourtant, c'est bien une extraordinaire force insurrectionnelle qu'il décèle dans les toiles de « ce convulsionnaire tranquille » qui frappe la nature « de son coup de massue », qui perfore notre vision et nous dissèque littéralement « dans un mouvement de régression violente à un état d'enfance auquel [nous] contraint [sa] poigne faramineuse ». Formidable tension que relève Artaud (schizophrénie « du type dégénéré », dirait le docteur Beer) dans cette étonnante alliance de force brutale et d'infinie délicatesse qui écartèle ses toiles et fait vivre ses paysages « tourbillonnants et pacifiques », / convulsés et pacifiés ».*

À Rodez et jusqu'à la fin de sa vie, Artaud élabore peu à peu une pictographie[1]*, qui transfigure les feuilles de papier où s'entremêlent textes et dessins, en scène du* Théâtre de la Cruauté. *Les « dessins écrits », l'écriture dessinée dont il remplit les pages de ses cahiers d'écolier, inventent une scénographie rythmée, visuelle et sonore, qui pulvérise les repères linéaires de la pensée discursive et de la lecture normée : de gauche à droite… et pourquoi pas de bas en haut ? « Faites danser, dit Artaud, l'anatomie humaine, / de haut en bas et de bas en haut, / d'arrière en avant et / d'avant en arrière » (*Le Théâtre de la Cruauté, *1947). Comme Van Gogh « la peinture linéaire », Artaud fait éclater l'écriture linéaire, les lignes ordonnées de la perspective.*

1. Voir l'article de Jacques Derrida, « Forcener le subjectile », *in* Paule Thévenin et Jacques Derrida, *Antonin Artaud, dessins et portraits*, Gallimard, 1986.

*« Le but de ces figures dessinées », écrit-il en février 1947 à propos des « sorts » qu'il envoyait de l'asile à ses correspondants à la fin des années trente, était « une vitupération corporelle contre les obligations de la forme spatiale, de la perspective, de la mesure ». Qu'est-ce qu'écrire-dessiner ? C'est refaire un « corps sans organes », c'est-à-dire une multiplicité moléculaire, explosive et atomique (l'inverse du « cadastre anatomique » du corps organique), c'est inventer une scénographie picturale, une danse corporelle des signes sur la page : « Ce dessin représente l'effort que je tente en ce moment pour refaire corps avec l'os des musiques de l'âme », écrivait-il à Rodez en septembre 1945. Ces signes jetés sur la page, Artaud les nomme des « notes », au double sens scriptural et musical du terme,… et Van Gogh le peintre est aussi « un formidable musicien ». « Quand j'écris, / j'écris en général une note d'un trait. Mais cela ne me suffit pas / et je cherche à prolonger / l'action de ce que / j'ai écrit dans / l'atmosphère. Alors / je me lève / je cherche / des consonances, / des adéquations / de sons, / des balancements du corps / et des membres / qui fassent acte » (*50 dessins pour assassiner la magie*). Et de même, que fait le peintre Van*

Gogh ? Il cherche à «ramasser corps, *je veux dire* ENTASSER DES CORPS». *Le corps chez Van Gogh est un paysage infini, agité de convulsions géologiques qui portent en elles tous les éclatements volcaniques à venir. C'est une force explosive, une puissance éruptive, l'inverse du corps actuel, cette «pile électrique chez qui on a châtré et refoulé les décharges» (*Le Théâtre de la Cruauté*). Le peintre du corps humain, ce n'est pas Léonard de Vinci, ce peintre de* cadavres, *qui travaille sous la dictée des lois de l'anatomie, avec ses écorchés exacts comme des machines, le peintre du corps humain c'est Van Gogh qui trace des paysages hallucinés comme des visages et fait surgir sur sa toile les déchirements sonores du Théâtre de la Cruauté : corps-paysage sanglant,* tournesols éventrés, bombardement comme météorique d'atomes, fleur torturée, paysage sabré, coquelicots... rageusement ponctués et déchiquetés... *et par-dessus tout cela «la figure de Van Gogh, rouge de sang dans l'éclatement de ses paysages».*

C'est peu dire que Van Gogh écrive son prénom dans ses toiles éclaboussées de vin *et de* sang, *c'est toute sa peinture qui fait éclater et danser les lettres d'un primitif alphabet, comme la Montagne des signes des Indiens Tarahumaras, comme les dessins écrits d'Artaud. Le signe de Van Gogh ? la VirGule, chiffre secret de ses initiales qui strient et déchirent les toiles de leur ponctuation sonore et la toile oscille entre l'œil et l'oreille, indissociablement picturale et graphique :* ... épouvantable pression élémentaire d'apostrophes, de stries, de *virgules ;* ... les ailes d'un seul oiseau en *virgule* posé ; ... avec l'i, la *virgule,* le point de la pointe du pinceau.

Contre le corps impotent *de l'anatomie, Artaud fait resurgir dans ses textes et dessins un nouveau corps humain infiniment* potentiel, *c'est-à-dire* en puissance *d'éclatement, tendu entre figuration et défiguration, suspendu, dit-il, entre toutes les formes. En puissance d'éruption aussi, le corps-paysage de Van Gogh, dans l'éclatement spermatique de la couleur « pressée hors du tube » (« et qui gicle en flammèches »). Explose alors sur la toile un corps sans organes (entendons : un corps grouillant d'organes et qui pulvérise, comme le soulignait Deleuze, l'organisation de l'organisme) : « je dirai que Van Gogh est peintre parce qu'il a recollecté la nature, qu'il l'a comme retranspirée et fait suer, qu'il a fait gicler en faisceaux sur ses toiles, en gerbes comme monumentales de couleurs… » Le corps-paysage infini de Van Gogh est projeté, littéralement « transbordé », ex-sudé sur la toile : il jaillit dans une explosion de liquides où se mêlent indistinctement, dans le même creuset alchimique, couleurs, sueur, urine, sperme et sang : « Au fond de ses yeux comme épilés de boucher, Van Gogh se livrait sans désemparer à l'une de ces alchimies sombres qui ont pris la nature pour objet et le corps humain pour marmite ou creuset ». Un boucher, Van Gogh, lui et son « coup de tranchoir à vif » qui dilacère et décompose les formes. Dans ses* 50 dessins pour assassiner la magie, *Artaud évoque le surgissement des nouveaux « corps de sensibilité » s'élançant hors de sa page écrite qu'il appelle des* trumeaux *: « Ce sont des notes, / des mots, / des* trumeaux, */ car ardents, / corrosifs / incisifs, / jaillis / de je ne sais quel / tourbillon/ de vitriol ». Entendons dans ces mots et* trumeaux *les signes du maudire et du mal dire ;* trumeau, *du francique* thrum *: tronçon, moignon, indique aussi un jarret de bœuf en terme de boucherie. Les* trumeaux *seraient alors les mots des corps écorchés, tronçonnés, morceaux de corps transfigurés en signes après* *l'opération alchimique de réfection du corps humain.* « Trumeaux *de l'inerte, écrit Artaud, ces ponts, ces tournesols, ces ifs, ces cueillettes d'olives, ces fenaisons », indissociablement figés et tressaillants sous le coup de pinceau-tranchoir de Van Gogh, le « boucher roux ».* De la littérature considérée comme une tauromachie *disait Leiris ; de la peinture-écriture considérée comme une boucherie suggère le* Van Gogh. *Les* trumeaux *sont ces grumeaux de corps décomposés, fécalisés qui se lisent sur la toile dans les taches noires des corbeaux (« ce noir de truffes, ce noir excrémentiel des ailes des corbeaux »). Pourquoi, écrit ailleurs Artaud, « arrêtons-nous les mots à leurs petites odeurs de truffes sans descendre dans leurs charniers ? » Les* trumeaux *sont les mots fécaux des corps putréfiés et entrés en germination dans « ce gouffre de la matière immonde », cet « être utérin de la souffrance où tout grand poète a trempé et où, s'accouchant, il sent mauvais » (lettre à Henri Parisot du 22 septembre 1945). Transformer le plomb en or, le fécal en texte-corps : transmutation, transsubstantiation. L'inverse du corps chrétien figé dans son « inchristation ». On peut certes reconnaître dans cette métaphore alchimique si fréquente dans le* Van Gogh *(comme dans telle allusion d'Artaud, à propos de Nerval, à la poésie de « Madame utérine fécale ») une reprise de l'infantile théorie anale, cloacale, de la naissance, mais ne faut-il pas plutôt tenter d'entendre dans cette « souffrance du pré-natal » qui tord les tableaux de Van Gogh, la poussée d'une naissance explosive, en puissance d'elle-même, entre* excrément *et* crémation *(« caca – feu ! », écrit aussi Artaud) ? Éruption d'un corps post-identitaire que peinent à penser nos systèmes symboliques occidentaux. Et le « coup de pinceau » de Van Gogh est à prendre au pied de la lettre : « coup de flamme », coup de canon, et la peinture sur la toile explose en flammèches et feux grégeois, en grésillements de couleurs et de feux d'artifice, en « défilés giratoires » de soleils flamboyants. Alors, peindre est une danse ; alors le corps, écrit aussi Artaud* s'ardence *: « La terre se peint et se décrit / sous l'action d'une terrible danse / à qui on n'a pas encore fait donner / épidémiquement tous ses fruits » (*Le Théâtre de la Cruauté*).*

Peu de textes d'Artaud suggèrent comme celui-ci une telle ivresse, un tel débordement de vie et de sensualité (« Seule la vie sait offrir ainsi *des dénudations épidermiques qui parlent sous une chemise déboutonnée… »). Les « formidables ardeurs de vivre par cent blessures corrodées » qu'il évoque à propos de Van Gogh disent assez l'extraordinaire force créatrice qui, tout au long de sa vie, a porté, chez lui aussi, l'écriture. Quelques mois avant sa mort, rongé par le cancer, il retrouve la flamboyante virtuosité du style qui soulevait littéralement les pages d'*Héliogabale. *Si la souffrance et les cris de révolte sont omniprésents chez Artaud, c'est toujours sur fond de violente poussée vitale — on l'a trop souvent oublié. Ici aussi, c'est une véritable fureur dionysiaque qu'il reconnaît dans Van Gogh et « son pinceau en ébriété » qui inonde ses paysages de sang et de vin, qui fait « tournoyer tant de soleils ivres » ou gicler sur la toile « la couleur lie-de-vin de la terre ». Et de même que, dans le nom d'Héliogabale, le roi solaire, Artaud entendait Gibil, le feu, Gabal, la montagne ou Bel, le dieu unitaire, gageons qu'il entend dans le nom de Van Gogh la liesse d'un peintre « en goguette », pris tout entier dans l'ivresse d'une infinie jouissance créatrice (*gogue *en ancien français : réjouissance, liesse ;* être en goguette *: être émoustillé, légèrement ivre). Et la langue* *d'Artaud, gagnée à son tour par la contagieuse ivresse d'un Van Gogh « qui rit dans la nature limpide », irradie et rayonne sur la page. Alors les mots s'ouvrent et se répondent en échos visuels, en échos sonores, et le texte se fait tableau, musique : « Il a fait, sous la représentation, sourdre* un air, *et en elle enfermé* un nerf, *qui ne sont pas dans la nature, qui sont d'une nature et* d'un air *plus vrais, que* l'air *et* le nerf *de la nature vraie ».*

Évelyne Grossman

On peut parler de la bonne santé mentale de Van Gogh qui, dans toute sa vie, ne s'est fait cuire qu'une main et n'a pas fait plus, pour le reste, que de se trancher une fois l'oreille gauche,

dans un monde où on mange chaque jour du vagin cuit à la sauce verte ou du sexe de nouveau-né flagellé et mis en rage,

tel que cueilli à sa sortie du sexe maternel.

Et ceci n'est pas une image, mais un fait abondamment et quotidiennement répété et cultivé à travers toute la terre.

Et c'est ainsi, si délirante que puisse paraître cette affirmation, que la vie présente se maintient dans sa vieille atmosphère de stupre, d'anarchie, de désordre, de délire, de dérèglement, de folie chronique, d'inertie bourgeoise, d'anomalie psychique (car ce n'est pas l'homme mais le monde qui est devenu un anormal), de malhonnêteté voulue et d'insigne tartufferie, de mépris crasseux de tout ce qui montre race,

de revendication d'un ordre tout entier basé sur l'accomplissement d'une primitive injustice,

de crime organisé enfin.

Ça va mal parce que la conscience malade a un intérêt capital à cette heure à ne pas sortir de sa maladie.

C'est ainsi qu'une société tarée a inventé la psychiatrie pour se défendre des investigations de certaines lucidités supérieures dont les facultés de divination la gênaient.

Gérard de Nerval n'était pas fou, mais il fut accusé de l'être afin de jeter le discrédit sur certaines révélations capitales qu'il s'apprêtait à faire,

et outre que d'être accusé, il fut encore frappé à la tête, physiquement frappé à la tête une certaine nuit afin de perdre la mémoire des faits monstrueux qu'il allait révéler et qui, sous l'action de ce coup, passèrent en lui sur le plan supranaturel, parce que toute la société, occultement liguée contre sa conscience, fut à ce moment-là assez forte pour lui faire oublier leur réalité.

Non, Van Gogh n'était pas fou, mais ses peintures étaient des feux grégeois, des bombes atomiques, dont l'angle de vision, à côté de toutes les autres peintures qui sévissaient à cette époque, eût été capable de déranger gravement le conformisme larvaire de la bourgeoisie second Empire et des sbires de Thiers, de Gambetta, de Félix Faure, comme ceux de Napoléon III.

Car ce n'est pas un certain conformisme de mœurs que la peinture de Van Gogh attaque, mais celui même des institutions. Et même la nature extérieure, avec ses climats, ses marées et ses tempêtes d'équinoxe ne peut plus, après le passage de Van Gogh sur terre, garder la même gravitation.

À plus forte raison sur le plan social, les institutions se désagrègent et la médecine fait figure de cadavre inutilisable et éventé, qui déclare Van Gogh fou.

En face de la lucidité de Van Gogh qui travaille, la psychiatrie n'est plus qu'un réduit de gorilles eux-mêmes obsédés et persécutés et qui n'ont, pour pallier les plus épouvantables états de l'angoisse et de la suffocation humaines, qu'une ridicule terminologie,

digne produit de leurs cerveaux tarés.

Pas un psychiatre, en effet, qui ne soit un érotomane notoire.

Et je ne crois pas que la règle de l'érotomanie invétérée des psychiatres puisse souffrir aucune exception.

J'en connais un qui se rebella, il y a quelques années, à l'idée de me voir ainsi accuser en bloc tout le groupe de hautes crapules et de faiseurs patentés auquel il appartenait.

Moi, Monsieur Artaud, me dit-il, je ne suis pas un érotomane, et je vous défie bien de me montrer un seul des éléments sur lesquels vous vous basez pour porter votre accusation.

Je n'ai qu'à vous montrer vous-même, Dr L…, comme élément,

vous en portez sur votre gueule le stigmate,

bougre d'ignoble saligaud.

C'est la binette de qui introduit sa proie sexuelle sous la langue et la retourne ensuite en amande, pour faire figue d'une certaine façon.

Cela s'appelle faire son beurre et trier son propre persil.

Si dans le coït vous n'avez pas obtenu de glousser de la glotte d'une certaine façon que vous connaissez, et de gargouiller en même temps du pharynx, de l'œsophage, de l'urètre et de l'anus,

vous ne pouvez pas vous déclarer satisfait.

Et il y a dans votre tressautement organique interne un certain pli que vous avez pris, lequel est le témoin incarné d'un stupre immonde,

et que vous cultivez d'année en année, de plus en plus, parce que socialement parlant, il ne tombe pas sous le coup de la loi,

mais il tombe sous celui d'une autre loi où c'est toute la conscience lésée qui souffre, parce qu'en vous comportant de la sorte, vous l'empêchez de respirer.

Vous décrétez de délire la conscience qui travaille, tandis que, d'autre part, vous l'étranglez avec votre ignoble sexualité.

Et voilà justement le plan où le pauvre Van Gogh était chaste,

chaste comme un séraphin ou une vierge ne peut pas l'être, parce que c'est eux justement

qui ont fomenté

et alimenté à l'origine la grande machine du péché.

Peut-être, d'ailleurs, Docteur L..., êtes-vous de la race des séraphins iniques mais, par grâce, laissez les hommes tranquilles,

le corps de Van Gogh sauf de tout péché fut sauf aussi de la folie que, d'ailleurs, le seul péché apporte.

Et je ne crois pas au péché catholique,

mais je crois au crime érotique dont justement tous les génies de la terre,

les aliénés authentiques des asiles se sont gardés,

ou alors, c'est qu'ils ne furent pas (authentiquement) des aliénés.

Et qu'est-ce qu'un aliéné authentique ?

C'est un homme qui a préféré devenir

fou, dans le sens où socialement on l'entend, que de forfaire à une certaine idée supérieure de l'honneur humain.

C'est ainsi que la société a fait étrangler dans ses asiles tous ceux dont elle a voulu se débarrasser ou se défendre, comme ayant refusé de se rendre avec elle complices de certaines hautes saletés.

Car un aliéné est aussi un homme que la société n'a pas voulu entendre et qu'elle a voulu empêcher d'émettre d'insupportables vérités.

Mais, dans ce cas, l'internement n'est pas sa seule arme, et le rassemblement concerté des hommes a d'autres moyens pour venir à bout des volontés qu'il veut briser.

En dehors des petits envoûtements des sorciers de campagne, il y a les grandes passes d'envoûtements globaux auxquels toute la conscience alertée participe périodiquement.

C'est ainsi qu'à l'occasion d'une guerre, d'une révolution, d'un bouleversement social encore dans l'œuf, la conscience unanime est interrogée et s'interroge, et qu'elle porte aussi son jugement.

Il peut aussi lui arriver d'être suscitée et sortie d'elle-même à propos de certains cas individuels retentissants.

C'est ainsi qu'il y a eu des envoûtements unanimes à propos de Baudelaire, d'Edgar Poe, de Gérard de Nerval, de Nietzsche, de Kierkegaard, de Hölderlin, de Coleridge,

et il y en a eu à propos de Van Gogh.

Cela peut se passer pendant le jour, mais cela se passe de préférence en général pendant la nuit.

C'est ainsi que d'étranges forces sont soulevées et amenées dans la voûte astrale, dans cette espèce de coupole sombre que constitue par-dessus toute la respiration humaine, la venimeuse agressivité du mauvais esprit de la plupart des gens.

C'est ainsi que les quelques rares bonnes volontés lucides qui ont eu à se débattre sur la terre se voient, à de certaines heures du jour ou de la nuit, au fond de certains états de cauchemar authentiques et réveillés, entourées de la formidable succion, de la formidable oppression tentaculaire d'une espèce de magie civique que l'on verra bientôt apparaître dans les mœurs à découvert.

En face de cette unanime saleté, qui d'un côté a le sexe et de l'autre, d'ailleurs, la messe, ou tels autres rites psychiques comme base ou point d'appui, il n'y a pas de délire à se promener la nuit avec un chapeau attaché de douze bougies pour peindre sur le motif un paysage ;

car comment le pauvre Van Gogh y aurait-il fait pour s'éclairer, comme le faisait si justement remarquer l'autre jour notre ami, l'acteur Roger Blin ?

Quant à la main cuite, c'est de l'héroïsme pur et simple,

quant à l'oreille coupée, c'est de la logique directe,

et, je le répète,

un monde qui, jour et nuit, et de plus en plus, mange l'immangeable,

pour amener sa mauvaise volonté à ses fins,

n'a, sur ce point,

qu'à la boucler.

POST-SCRIPTUM

Van Gogh n'est pas mort d'un état de délire propre,

mais d'avoir été corporellement le champ d'un problème autour duquel, depuis les origines, se débat l'esprit inique de cette humanité,

celui de la prédominance de la chair sur l'esprit, ou du corps sur la chair, ou de l'esprit sur l'un et l'autre.

Et où est dans ce délire la place du moi humain ?

Van Gogh chercha le sien pendant toute sa vie, avec une énergie et une détermination étranges.

Et il ne s'est pas suicidé dans un coup de folie, dans la transe de n'y pas parvenir,

mais au contraire il venait d'y parvenir

et de découvrir ce qu'il était et qui il était, lorsque la conscience générale de la société, pour le punir de s'être arraché à elle,

le suicida.

Et cela se passa avec Van Gogh comme cela se passe toujours d'habitude, à l'occasion d'une partouse, d'une messe, d'une absoute, ou de tel autre rite de consécration, de possession, de succubation ou d'incubation.

Elle s'introduisit donc dans son corps,

cette société
absoute,
consacrée,
sanctifiée
et possédée,

effaça en lui la conscience surnaturelle qu'il venait de prendre, et telle une inondation de corbeaux noirs dans les fibres de son arbre interne,

le submergea d'un dernier ressaut,

et, prenant sa place,

le tua.

Car c'est la logique anatomique de l'homme moderne, de n'avoir jamais pu vivre, ni penser vivre, qu'en possédé.

LE SUICIDÉ DE LA SOCIÉTÉ

La peinture linéaire pure me rendait fou depuis longtemps lorsque j'ai rencontré Van Gogh qui peignait, non pas des lignes ou des formes, mais des choses de la nature inerte comme en pleines convulsions.

Et inertes.

Comme sous le terrible coup de boutoir de cette force d'inertie dont tout le monde parle à mots couverts, et qui n'est jamais devenue si obscure que depuis que toute la terre et la vie présente se sont mêlées de l'élucider.

Or, c'est de son coup de massue, vraiment de son coup de massue que Van Gogh ne cesse de frapper toutes les formes de la nature et les objets.

Cardés par le clou de Van Gogh,

les paysages montrent leur chair hostile,
la hargne de leurs replis éventrés,
que l'on ne sait quelle force étrange est, d'autre part, en train de métamorphoser.

Une exposition de tableaux de Van Gogh est toujours une date dans l'histoire,

non dans l'histoire des choses peintes, mais dans l'histoire historique tout court.

Car il n'y a pas de famine, d'épidémie, d'explosion de volcan, de tremblement de terre, de guerre, qui rebrousse les monades de l'air, qui torde le cou à la figure torve de fama fatum, le destin névrotique des choses,

comme une peinture de Van Gogh, — sortie au jour,

remise à même la vue,

l'ouïe, le tact,

l'arôme,

sur les murs d'une exposition, —

enfin lancée à neuf dans l'actualité courante, réintroduite dans la circulation.

Il n'y a pas dans la dernière exposition Van Gogh, au Palais de l'Orangerie, toutes les très grandes toiles du malheureux peintre. Mais il y a parmi celles qui sont là, assez de défilés giratoires constellés de touffes de plantes de carmin, de chemins creux surmontés d'un if, de soleils violacés tournant sur des meules de blé d'or pur, de Père Tranquille et de portraits de Van Gogh par Van Gogh,

pour rappeler de quelle sordide simplicité d'objets, de personnes, de matériaux, d'éléments,

Van Gogh a tiré ces espèces de chants d'orgue, ces feux d'artifice, ces épiphanies atmosphériques, ce « Grand Œuvre » enfin d'une sempiternelle et intempestive transmutation.

Ces corbeaux peints deux jours avant sa mort ne lui ont, pas plus que ses autres toiles, ouvert la porte d'une certaine gloire posthume, mais ils ouvrent à la peinture peinte, ou plutôt à la nature non peinte, la porte occulte d'un au-delà possible, d'une réalité permanente possible, à travers la porte par Van Gogh ouverte d'un énigmatique et sinistre au-delà.

Il n'est pas ordinaire de voir un homme,

avec, dans le ventre, le coup de fusil qui le tua, fourrer sur une toile des corbeaux noirs avec au-dessous une espèce de plaine livide peut-être, vide en tout cas, où la couleur lie-de-vin de la terre s'affronte éperdument avec le jaune sale des blés.

Mais nul autre peintre que Van Gogh n'aura su comme lui trouver, pour peindre ses corbeaux, ce noir de truffes, ce noir « de gueuleton riche » et en même temps comme excrémentiel des ailes des corbeaux surpris par la lueur descendante du soir.

Et de quoi en bas se plaint la terre sous les ailes des corbeaux *fastes*, fastes pour le seul Van Gogh sans doute et, d'autre part, fastueux augure d'un mal qui, lui, ne le touchera plus ?

Car nul jusque-là n'avait comme lui fait de la terre ce linge sale, tordu de vin et de sang trempé.

Le ciel du tableau est très bas, écrasé,
violacé, comme des bas-côtés de foudre.
La frange ténébreuse insolite du vide montant d'après l'éclair.

Van Gogh a lâché ses corbeaux comme les microbes noirs de sa rate de suicidé à quelques centimètres du haut *et comme du bas de la toile,*

suivant la balafre noire de la ligne où le battement de leur plumage riche fait peser sur le rebrassement de la tempête terrestre les menaces d'une suffocation d'en-haut.

Et pourtant tout le tableau est riche.

Riche, somptueux et calme le tableau.

Digne accompagnement à la mort de celui qui, durant sa vie, fit tournoyer tant de soleils ivres sur tant de meules en rupture de ban, et qui, désespéré, un coup de fusil dans le ventre, ne sut pas ne pas inonder de sang et de vin un paysage, tremper la terre d'une dernière émulsion, joyeuse à la fois et ténébreuse, d'un goût de vin aigre et de vinaigre taré.

C'est ainsi que le ton de la dernière toile peinte par Van Gogh est, lui qui, d'autre part, n'a jamais dépassé la peinture, d'évoquer le timbre abrupt et barbare du drame élisabéthain le plus pathétique, passionnel et passionné.

C'est ce qui me frappe le plus dans Van Gogh, le plus peintre de tous les peintres et qui, sans aller plus loin que ce qu'on appelle et qui est la peinture, sans sortir du tube, du pinceau, du cadrage du *motif* et de la toile pour recourir à l'anecdote, au récit, au drame, à l'action imagée, à la beauté intrinsèque du sujet ou de l'objet, est arrivé à passionner la nature et les objets de telle sorte que tel fabuleux conte d'Edgar Poe, d'Herman Melville, de Nathanaël Hawthorne, de Gérard de Nerval, d'Achim Arnim ou d'Hoffmann, n'en dit pas plus long sur le plan psychologique et dramatique que ses toiles de quatre sous,

ses toiles presque toutes, d'ailleurs, et comme par un fait exprès, de médiocre dimension.

Un bougeoir sur une chaise, un fauteuil de paille verte tressée,

un livre sur le fauteuil,

et voilà le drame éclairé.

Qui va entrer ?

Sera-ce Gauguin ou un autre fantôme ?

Le bougeoir allumé sur le fauteuil de paille indique, paraît-il, la ligne de démarcation lumineuse qui sépare les deux individualités antagonistes de Van Gogh et de Gauguin.

L'objet esthétique de leur dispute n'offrirait, si on le racontait, pas grand intérêt peut-être, mais il devait indiquer entre les deux natures de Van Gogh et de Gauguin une scission humaine de fond.

Je crois que Gauguin pensait que l'artiste doit rechercher le symbole, le mythe, agrandir les choses de la vie jusqu'au mythe,

alors que Van Gogh pensait qu'il faut savoir déduire le mythe des choses les plus terre-à-terre de la vie.

En quoi je pense, moi, qu'il avait foutrement raison.

Car la réalité est terriblement supérieure à toute histoire, à toute fable, à toute divinité, à toute surréalité.

Il suffit d'avoir le génie de savoir l'interpréter.

Ce qu'aucun peintre avant le pauvre Van Gogh n'avait fait,

ce qu'aucun peintre ne fera plus après lui,

car je crois que cette fois-ci,
aujourd'hui même,
maintenant,
en ce mois de février 1947,
c'est la réalité elle-même,
le mythe de la réalité même, la réalité mythique elle-même, qui est en train de s'incorporer.

Ainsi, nul depuis Van Gogh n'aura su remuer la grande cymbale, le timbre supra-humain, *perpétuellement* supra-humain suivant l'ordre refoulé duquel les objets de la vie réelle sonnent,

lorsqu'on a su avoir l'oreille assez ouverte pour comprendre la levée de leur mascaret.

C'est ainsi que la lumière du bougeoir sonne, que la lumière du bougeoir allumé sur le fauteuil de paille verte sonne comme la respiration d'un corps aimant devant le corps d'un malade endormi.

Elle sonne comme une étrange critique, un profond et surprenant jugement dont il semble bien que Van Gogh puisse nous permettre de présumer la sentence plus tard, beaucoup plus tard, au jour où la lumière violette du fauteuil de paille aura achevé de submerger le tableau.

Et on ne peut pas ne pas remarquer cette coupure de lumière lilas qui mange les barreaux du grand fauteuil torve, du vieux fauteuil écarquillé de paille verte, bien qu'on ne puisse pas tout de suite la remarquer.

Car le foyer en est comme placé ailleurs et sa source étrangement obscure, comme un secret dont le seul Van Gogh aurait, sur lui-même, gardé la clef.

Si Van Gogh n'était pas mort à 37 ans je n'en appellerais pas à la Grande Pleureuse pour me dire de quels suprêmes chefs-d'œuvre la peinture eût été enrichie,

car je ne peux pas, après les « Corbeaux », me résoudre à croire que Van Gogh eût peint un tableau de plus.

Je pense qu'il est mort à 37 ans parce qu'il était, hélas, arrivé au bout de sa funèbre et révoltante histoire de garrotté d'un mauvais esprit.

Car ce n'est pas de lui, du mal de sa folie propre, que Van Gogh a quitté la vie.

C'est sous la pression du mauvais esprit

qui, à deux jours de sa mort, s'appela le docteur Gachet, improvisé psychiatre, et qui fut la cause directe, efficace et suffisante de sa mort.

J'ai acquis, en lisant les lettres de Van Gogh à son frère, la conviction ferme et sincère que le docteur Gachet, « psychiatre », détestait en réalité Van Gogh, peintre, et qu'il le détestait comme peintre, mais pardessus tout comme génie.

Il est à peu près impossible d'être médecin et honnête homme, mais il est crapuleusement impossible d'être psychiatre sans être en même temps marqué au coin de la plus indiscutable folie : celle de ne pouvoir lutter contre ce vieux réflexe atavique de la tourbe et qui fait, de tout homme de science pris à la tourbe, une sorte d'ennemi-né et inné de tout génie.

La médecine est née du mal, si elle n'est pas née de la maladie, et si elle a, au contraire, provoqué et créé de toutes pièces la maladie pour se donner une raison d'être ; mais la psychiatrie est née de la tourbe populacière des êtres qui ont voulu conserver le mal à la source de la maladie et qui ont ainsi extirpé de leur propre néant une espèce de garde suisse pour saquer à sa base l'élan de rébellion revendicatrice qui est à l'origine du génie.

Il y a dans tout dément un génie incompris dont l'idée qui luisait dans sa tête fit peur, et qui n'a pu trouver que dans le délire une issue aux étranglements que lui avait préparés la vie.

Le docteur Gachet ne disait pas à Van Gogh qu'il était là pour redresser sa peinture (comme je me suis entendu dire par le docteur Gaston Ferdière, médecin-chef de l'asile de Rodez, qu'il était là pour redresser ma poésie), mais il l'envoyait peindre sur le motif, s'enterrer dans un paysage pour échapper au mal de penser.

Seulement, dès que Van Gogh avait tourné la tête, le docteur Gachet lui fermait le commutateur de la pensée.

Comme sans penser à mal, mais par un de ces plis du nez dépréciatifs d'un anodin quelque chose où tout l'inconscient bourgeois de la terre a inscrit la vieille force magique d'une pensée cent fois refoulée.

Ce n'est pas seulement le mal du problème que ce faisant le docteur Gachet lui interdisait,

mais le semis soufré,

l'affre du clou tournant dans le gosier de l'unique passage,

avec quoi Van Gogh,

tétanisé,

Van Gogh, en porte-à-faux sur le gouffre du souffle,

peignait.

Car Van Gogh était une terrible sensibilité.

Il n'y a, pour s'en convaincre, qu'à regarder sa figure, toujours comme pantelante, et aussi, par certains côtés, ensorcelante, de boucher.

Comme d'un antique boucher assagi et maintenant retiré des affaires, cette figure mal éclairée me poursuit.

Van Gogh s'est représenté lui-même dans un très grand nombre de toiles et si bien éclairées qu'elles fussent, j'ai toujours eu cette pénible impression qu'on les avait fait mentir sur la lumière, qu'on avait enlevé à Van Gogh une lumière indispensable pour creuser et se tracer sa route en lui.

Et cette route, ce n'était pas le docteur Gachet, certes, qui était capable de la lui indiquer.

Mais, je l'ai dit, il y a dans tout psychiatre vivant un répugnant et sordide atavisme qui lui fait voir dans chaque artiste, dans tout génie, devant lui, un ennemi.

Et je sais que le docteur Gachet a laissé dans l'histoire, en face de Van Gogh qu'il soignait et qui finit par se suicider chez lui, le souvenir de son dernier ami sur terre, d'une espèce de providentiel consolateur.

Je pense pourtant plus que jamais que c'est au docteur Gachet, d'Auvers-sur-Oise, que Van Gogh a dû, ce jour-là, le jour où il s'est suicidé à Auvers-sur-Oise,

a dû, dis-je, de quitter la vie, —

car Van Gogh était une de ces natures d'une lucidité supérieure qui leur permet, en toutes circonstances, de voir plus loin, infiniment et dangereusement plus loin que le réel immédiat et apparent des faits.

Je veux dire de la conscience que la conscience a pour habitude d'en garder.

Au fond de ses yeux comme épilés de boucher, Van Gogh se livrait sans désemparer à l'une de ces opérations d'alchimie sombre qui ont pris la nature pour objet et le corps humain pour marmite ou creuset.

Et je sais que le docteur Gachet trouvait toujours que ça le fatiguait.

Ce qui n'était pas chez lui l'effet d'un souci médical simple,

mais l'aveu d'une jalousie aussi consciente qu'inavouée.

C'est que Van Gogh en était arrivé à ce stade de l'illuminisme, où la pensée en désordre reflue devant les décharges envahissantes de la matière,

et où penser, n'est plus s'user,

et n'est plus,

et où il ne reste que de *ramasser corps*, je veux dire

ENTASSER DES CORPS.

Ce n'est plus le monde de l'astral, c'est celui de la création directe qui est repris ainsi par delà la conscience et le cerveau.

Et je n'ai jamais vu qu'un corps sans cerveau ait été fatigué par d'inertes trumeaux.

Trumeaux de l'inerte ces ponts, ces tournesols, ces ifs, ces cueillettes d'olives, ces fenaisons. Elles ne bougent plus.

Elles sont figées.

Mais qui pourrait les rêver plus dures sous le coup de tranchoir à vif qui en a descellé l'impénétrable tressaillement ?

Non, un trumeau, docteur Gachet, n'a jamais fatigué personne. Ce sont des forces de forcené qui reposent sans faire bouger.

Je suis aussi comme le pauvre Van Gogh, je ne pense plus, mais je dirige chaque jour de plus près de formidables ébullitions internes et il ferait beau voir qu'une médecine quelconque vienne me reprocher de me fatiguer.

On devait à Van Gogh une certaine somme d'argent au sujet de laquelle, nous raconte l'histoire : Van Gogh, depuis plusieurs jours déjà, se fabriquait un mauvais sang.

C'est la pente des hautes natures, toujours d'un cran au-dessus du réel, de tout expliquer par la mauvaise conscience,

de croire que rien jamais n'est dû au hasard et que tout ce qui arrive de mal arrive par l'effet d'une mauvaise volonté consciente, intelligente et concertée.

Ce que les psychiatres ne croient jamais.

Ce que les génies croient toujours.

Quand je suis malade, c'est que je suis envoûté, et je ne peux pas me croire malade si je ne crois pas, d'autre part, que quelqu'un a intérêt à m'enlever la santé et profite de ma santé.

Van Gogh aussi croyait qu'il était envoûté, et il le disait.

Et moi, je crois pertinemment qu'il l'était et je dirai par où et comment un jour.

Et le docteur Gachet fut ce grotesque cerbère, ce sanieux et purulent cerbère, veste d'azur et linge haut-glacé, mis devant le pauvre Van Gogh pour lui enlever toutes ses saines idées. Car si cette manière de voir qui est saine était répandue unanimement, la société ne pourrait plus vivre, mais je sais quels sont les héros de la terre qui y trouveraient leur liberté.

Van Gogh ne sut pas secouer à temps cette espèce de vampirisme de la famille intéressée à ce que le génie de Van Gogh peintre s'en tînt à peindre, sans en même temps réclamer la révolution indispensable à l'épanouissement corporel et physique de sa personnalité d'illuminé.

Et il y eut entre le docteur Gachet et Théo, le frère de Van Gogh combien de ces conciliabules puants des familles avec les médecins-chefs des asiles d'aliénés, au sujet du *malade* qu'ils leur ont amené.

— Surveillez-le, qu'il n'ait plus toutes ces idées ; tu entends, le docteur l'a dit, il faut perdre toutes ces idées ; ça te fait du mal, si tu continues à y penser, tu resteras interné à vie.

— Mais non, Monsieur Van Gogh, revenez à vous-même, voyons, c'est le hasard, et puis il ne fut jamais bon de vouloir regarder ainsi dans les secrets de la Providence. Je connais Monsieur Un Tel, c'est un très brave homme, c'est votre esprit de persécution qui vous reprend de croire qu'il fait ainsi de la magie en secret.

— On vous a promis de vous payer cette somme, on vous la paiera. Vous ne pouvez pas continuer ainsi de vous obstiner à attribuer ce retard à de la mauvaise volonté.

Ce sont là de ces douces conversations de psychiatre bonhomme qui n'ont l'air de rien, mais laissent sur le cœur comme la trace d'une petite langue noire, la petite langue noire anodine d'une salamandre empoisonnée.

Et il n'en faut pas plus quelquefois pour amener un génie à se suicider.

Il arrive des jours où le cœur sent si terriblement l'impasse, qu'il en prend comme un coup de bambou sur la tête, cette idée qu'il ne pourra plus passer.

Car c'est pourtant bien après une conversation avec le docteur Gachet que Van Gogh, comme si de rien n'était, est rentré dans sa chambre et s'est suicidé.

J'ai passé 9 ans moi-même dans un asile d'aliénés et je n'ai jamais eu l'obsession du suicide, mais je sais que chaque conversation avec un psychiatre, le matin, à l'heure de la visite, me donnait l'envie de me pendre, sentant que je ne pourrais pas l'égorger.

Et Théo était peut-être matériellement très bon pour son frère, mais cela n'empêche qu'il le croyait délirant, illuminé, halluciné, et s'évertuait, au lieu de le suivre dans son délire,

de le calmer.

Qu'il soit mort, après, de regrets, qu'importe ?

Ce à quoi Van Gogh tenait le plus au monde était son idée de peintre, sa terrible idée fanatique, apocalyptique d'illuminé.

Que le monde devait se ranger sous le commandement de sa matrice à lui, reprendre son rythme compressé, antipsychique d'occulte fête en place publique et, devant tout le monde, remis dans la surchauffe du creuset.

Cela veut dire que l'apocalypse, une apocalypse consommée couve à cette heure dans les toiles du vieux Van Gogh martyrisé, et que la terre a besoin de lui pour ruer de la tête et des pieds.

Nul n'a jamais écrit ou peint, sculpté, modelé, construit, inventé, que pour sortir en fait de l'enfer.

Et j'aime mieux, pour sortir de l'enfer, les natures de ce convulsionnaire tranquille que les grouillantes compositions de Breughel le Vieux ou de Jérôme Bosch qui ne sont, en face de lui, que des artistes, là où Van Gogh n'est qu'un pauvre ignare appliqué à ne pas se tromper.

Mais comment faire comprendre à un savant qu'il y a quelque chose de définitivement déréglé dans le calcul différentiel, la théorie des quanta, ou les obscènes et si niaisement liturgiques ordalies de la précession des équinoxes, — de par cet édredon rose crevette que Van Gogh fait si doucement mousser à une place élue de son lit, de par la petite insurrection vert Véronèse, azur trempé de cette barque devant laquelle une blanchisseuse d'Auvers-sur-Oise se relève de travailler, de par aussi ce soleil vissé derrière l'angle gris du clocher du village, en pointe, là-bas, au fond ; devant cette masse énorme de terre qui, au premier plan de la musique, cherche la vague où se congeler.

O vio profe
O vio proto
O vio loto
O théthé

Décrire un tableau de Van Gogh, à quoi bon ! Nulle description tentée par un autre ne pourra valoir le simple alignement d'objets naturels et de teintes auquel se livre Van Gogh lui-même,

aussi grand écrivain que grand peintre et qui donne à propos de l'œuvre décrite l'impression de la plus abasourdissante authenticité.

Qu'est-ce que dessiner ? Comment y arrive-t-on ? C'est l'action de se frayer un passage à travers un mur de fer invisible, qui semble se trouver entre ce que l'on sent *et ce que l'on* peut. *Comment doit-on traverser ce mur, car il ne sert de rien d'y frapper fort, on doit miner ce mur et le traverser à la lime, lentement et avec patience à mon sens.*

8 septembre 1888.

Dans mon tableau de Café de nuit, *j'ai cherché à exprimer que le café est un endroit où l'on peut se ruiner, devenir fou, commettre des crimes. Enfin j'ai cherché par des contrastes de rose tendre et de rouge sang et lie-de-vin, de doux vert*

Louis XV, et Véronèse, contrastant avec les vert-jaune et les vert-bleu durs, tout cela dans une atmosphère de fournaise infernale, de soufre pâle, à exprimer comme la puissance des ténèbres d'un assommoir.

Et toutefois sous une apparence de gaieté japonaise et la bonhomie du Tartarin…

23 juillet 1890.

Peut-être verras-tu ce croquis du jardinier de Daubigny — c'est une de mes toiles les plus voulues — j'y joins un croquis de vieux chaumes et les croquis de deux toiles de trente représentant d'immenses étendues de blé après la pluie…

Le jardin de Daubigny avant-plan d'herbe verte et rose. À gauche un buisson vert et lilas et une souche de plante à feuillages blanchâtres. Au milieu un parterre de roses, à droite une claie, un mur, et, au-dessus du mur un noisetier à feuillage violet. Puis une haie de lilas, une rangée de tilleuls arrondis jaunes, la maison elle-même dans le fond, rose, à toits de tuiles bleuâtres. Un banc et trois chaises, une figure noire à chapeau jaune et sur l'avant-plan un chat noir. Ciel vert pâle.

Qu'il semble facile d'écrire ainsi.

Eh bien ! essayez donc et dites-moi si, n'étant pas l'auteur d'une toile de Van Gogh, vous pourriez la décrire aussi simplement, sèchement, objectivement, durablement, valablement, solidement, opaquement, massivement, authentiquement et miraculeusement que dans cette petite lettre de lui.

(Car le clou séparatif critère n'est pas une question d'ampleur ou de crampe, mais de simple force personnelle du poing.)

Je ne décrirai donc pas un tableau de Van Gogh après Van Gogh, mais je dirai que Van Gogh est peintre parce qu'il a recollecté la nature, qu'il l'a comme retranspirée et fait suer, qu'il a fait gicler en faisceaux sur ses toiles, en gerbes comme monumentales de couleurs, le séculaire concassement d'éléments, l'épouvantable pression élémentaire d'apostrophes, de stries, de virgules, de barres dont on ne peut plus croire après lui que les aspects naturels ne soient faits.

Et de combien de coudoiements réprimés, de heurts oculaires pris sur le vif, de cillements pris dans le motif, les courants lumineux des forces qui travaillent la réalité ont-ils eu à renverser le barrage avant d'être enfin refoulés, et comme *hissés* sur la toile, et acceptés ?

Il n'y a pas de fantômes dans les tableaux de Van Gogh, pas de visions, pas d'hallucinations.

C'est de la vérité torride d'un soleil de deux heures de l'après-midi.

Un lent cauchemar génésique petit à petit élucidé.

Sans cauchemar et sans effet.

Mais la souffrance du pré-natal y est.

C'est le luisant mouillé d'un herbage, de la tige d'un plant de blé qui est là prêt à être extradé.

Et dont la nature un jour rendra compte.

Comme la société aussi rendra compte de sa mort prématurée.

Un plant de blé sous le vent incliné, avec au-dessus les ailes d'un seul oiseau en virgule posé, quel est le peintre, qui ne serait pas strictement peintre, qui aurait pu avoir comme Van Gogh l'audace de s'attaquer à un sujet d'une aussi désarmante simplicité ?

Non, il n'y a pas de fantômes dans les tableaux de Van Gogh, pas de drame, pas de sujet et je dirai même pas d'objet, car le motif lui-même qu'est-ce que c'est ?

Sinon quelque chose comme l'ombre de fer du motet d'une inénarrable musique antique, comme le leitmotiv d'un thème désespéré de son propre sujet.

C'est de la nature nue et pure vue, telle qu'elle se révèle, quand on sait l'approcher d'assez près.

Témoin ce paysage d'or fondu, de bronze

cuit dans l'ancienne Égypte, où un énorme soleil s'appuie sur des toits si croulants de lumière qu'ils en sont comme en décomposition.

Et je ne connais pas de peinture apocalyptique, hiéroglyphique, fantomatique ou pathétique qui me donne, à moi, cette sensation d'occulte étranglée, de cadavre d'un hermétisme inutile, tête ouverte, et qui rendrait sur le billot son secret.

Je ne pense pas ce disant au Père Tranquille, ou à cette funambulesque allée d'automne où passe, en dernier, un vieil homme courbé avec un parapluie à sa manche accroché, comme le crochet d'un chiffonnier.

Je repense à ses corbeaux aux ailes d'un noir de truffes lustrées.

Je repense à son champ de blé : tête d'épi sur tête d'épi, et tout est dit,

avec, devant, quelques petites têtes de coquelicots doucement semés, âcrement et nerveusement appliqués là, et clairsemés, sciemment et rageusement ponctués et déchiquetés.

Seule la vie sait offrir ainsi des dénudations épidermiques qui parlent sous une chemise déboutonnée, et on ne sait pourquoi le regard incline à gauche plutôt qu'à droite, vers le monticule de chair frisée.

Mais c'est ainsi et c'est un fait.

Mais c'est ainsi et cela est fait.

Occulte aussi sa chambre à coucher, si adorablement paysanne et semée comme d'une odeur à confire les blés qu'on voit frémir dans le paysage, au loin, derrière la fenêtre qui les cacherait.

Paysanne aussi, la couleur du vieil édredon, d'un rouge de moule, d'oursin, de crevette, de rouget du Midi, d'un rouge de piment roussi.

Et ce fut sûrement de la faute de Van Gogh si la couleur de l'édredon de son lit fut dans le réel si réussie, et je ne vois pas quel est le tisseur qui aurait pu en transplanter l'inénarrable trempe, comme Van Gogh sut transborder du fond de son cerveau sur sa toile le rouge de cet inénarrable enduit.

Et je ne sais pas combien de prêtres criminels rêvant dans la tête de leur soi-disant Saint-Esprit, l'or ocreux, le bleu infini d'une verrière à leur gouge « Marie », ont su isoler dans l'air, extraire des niches narquoises de l'air, ces couleurs à la bonne franquette qui sont tout un événement, où chaque coup de pinceau de Van Gogh sur la toile est pire qu'un événement.

Une fois, ça donne une chambre proprette, mais d'un tain de baume ou d'arôme qu'aucun bénédictin ne saura plus retrouver pour amener à point ses alcools de santé.

Une autre fois ça donne une simple meule par un énorme soleil écrasée.

Cette chambre faisait penser au Grand Œuvre avec son mur blanc de perles claires, sur lequel une serviette de toilette rugueuse pend comme un vieux gri-gri paysan, inapprochable et réconfortant.

Il y a de ces blancs de craie légers qui sont pires que d'anciens supplices, et jamais comme dans cette toile, le vieux scrupule opératoire du pauvre grand Van Gogh n'apparaît.

Car c'est bien cela tout Van Gogh, l'unique scrupule de la touche sourdement et pathétiquement appliquée. La couleur roturière des choses, mais si juste, si amoureusement juste qu'il n'y a pas de pierres précieuses qui puissent atteindre à sa rareté.

Car Van Gogh aura bien été le plus vraiment peintre de tous les peintres, le seul qui n'ait pas voulu dépasser la peinture comme moyen strict de son œuvre, et cadre strict de ses moyens.

Et le seul qui, d'autre part, absolument le seul, ait absolument dépassé la peinture, l'acte inerte de représenter la nature pour, dans cette représentation exclusive de la nature, faire jaillir une force tournante, un élément arraché en plein cœur.

Il a fait, sous la représentation, sourdre un air, et en elle enfermer un nerf, qui ne sont pas dans la nature, qui sont d'une nature et d'un air plus vrais, que l'air et le nerf de la nature vraie.

Je vois, à l'heure où j'écris ces lignes, le visage rouge sanglant du peintre venir à moi, dans une muraille de tournesols éventrés, dans un formidable embrasement d'escarbilles d'hyacinthe opaque et d'herbages de lapis-lazuli.

Tout cela, au milieu d'un bombardement comme météorique d'atomes qui se feraient voir grain à grain,

preuve que Van Gogh a pensé ses toiles comme un peintre, certes, et uniquement comme un peintre, mais qui serait,

par *le fait même,*

un formidable musicien.

Organiste d'une tempête arrêtée et qui rit dans la nature limpide, pacifiée entre deux tourmentes, mais qui, comme Van Gogh lui-même, cette nature, montre bien qu'elle est prête à lever le pied.

On peut, après l'avoir vue, tourner le dos à n'importe quelle toile peinte, elle n'a rien à nous dire de plus. L'orageuse lumière de la peinture de Van Gogh commence ses récitations sombres à l'heure même où on a cessé de la voir.

Rien que peintre, Van Gogh, et pas plus,

pas de philosophie, de mystique, de rite, de psychurgie ou de liturgie, pas d'histoire, de littérature ou de poésie,

ses tournesols d'or bronzé sont peints : ils sont peints comme des tournesols et rien de plus, mais pour comprendre un tournesol en nature, il faut maintenant en revenir à Van Gogh, de même que pour comprendre un orage en nature,

un ciel orageux,

une plaine en nature,

on ne pourra plus ne pas en revenir à Van Gogh.

Il faisait orageux de la sorte en Égypte ou sur les plaines de la Judée sémite,

peut-être faisait-il noir de la sorte en Chaldée, en Mongolie ou sur les monts du Thibet, dont personne ne me dit qu'ils aient changé de place.

Et pourtant, à regarder cette plaine de blé ou de pierres, blanche comme un ossuaire enterré, sur laquelle pèse ce vieux ciel violacé, je ne peux plus croire aux monts du Thibet.

Peintre, rien que peintre, Van Gogh, il a

pris les moyens de la pure peinture et il ne les a pas dépassés.

Je veux dire qu'il n'est pas allé pour peindre au delà de se servir des moyens que la peinture lui offrait.

Un ciel orageux,

une plaine blanche de craie,

des toiles, des pinceaux, ses cheveux rouges, des tubes, sa main jaune, son chevalet,

mais tous les lamas rassemblés du Thibet peuvent secouer sous leurs jupes l'apocalypse qu'ils auront préparée,

Van Gogh nous en aura fait pressentir par avance le peroxyde d'azote dans une toile qui contient juste assez de sinistre pour nous contraindre à nous orienter.

Ça lui a pris un jour comme ça de se résoudre à ne pas dépasser le motif,

mais, quand on a vu Van Gogh, on ne peut plus croire qu'il y ait quelque chose de moins dépassable que le motif.

Le simple motif d'un bougeoir allumé sur un fauteuil de paille au châssis violacé en dit beaucoup plus sous la main de Van

Gogh que toute la série des tragédies grecques ou des drames de Cyril Tourneur, de Webster ou de Ford jusqu'ici d'ailleurs demeurés injoués.

Sans littérature, j'ai vu la figure de Van Gogh, rouge de sang dans l'éclatement de ses paysages, venir à moi,

kohan
taver
tensur
purtan

dans un embrasement,
dans un bombardement,
dans un éclatement,
vengeurs de cette pierre de meule que le pauvre Van Gogh le fou porta toute sa vie à son cou.
La meule de peindre sans savoir pour quoi ni pour où.

Car ce n'est pas pour ce monde-ci,
ce n'est jamais pour cette terre-ci que nous avons tous toujours travaillé,

lutté,

bramé d'horreur, de faim, de misère, de haine, de scandale, et de dégoût,

que nous fûmes tous empoisonnés,

bien que par elle nous ayons tous été envoûtés,

et que nous nous sommes enfin suicidés,

car ne sommes-nous pas tous comme le pauvre Van Gogh lui-même, des suicidés de la société !

Van Gogh a renoncé en peignant à raconter des histoires, mais le merveilleux est que ce peintre qui n'est que peintre,

et qui est plus peintre que les autres peintres, comme étant celui chez qui le matériau, la peinture a une place de premier plan,

avec la couleur saisie comme telle que pressée hors du tube,

avec l'empreinte, comme l'un après l'autre, des poils du pinceau dans la couleur,

avec la touche de la peinture peinte, comme distincte dans son propre soleil,

avec l'i, la virgule, le point de la pointe

du pinceau même vrillée à même la couleur, chahutée, et qui gicle en flammèches, que le peintre mate et rebrasse de tous les côtés,

le merveilleux est que ce peintre qui n'est rien que peintre est aussi de tous les peintres-nés celui qui fait le plus oublier que nous ayons à faire à de la peinture,

à de la peinture pour représenter le motif qu'il a distingué,

et qui fait venir devant nous, en avant de la toile fixe, l'énigme pure, la pure énigme de la fleur torturée, du paysage sabré, labouré et pressé de tous les côtés par son pinceau en ébriété.

Ses paysages sont de vieux péchés qui n'ont pas encore retrouvé leurs primitives apocalypses, mais ne manqueront pas de les retrouver.

Pourquoi les peintures de Van Gogh me donnent-elles ainsi l'impression d'être vues comme de l'autre côté de la tombe d'un monde où ses soleils en fin de compte auront été tout ce qui tourna et éclaira joyeusement ?

Car n'est-ce pas l'histoire entière de ce

qu'on appela un jour l'âme qui vit et meurt dans ses paysages convulsionnaires et dans ses fleurs ?

L'âme qui donna son oreille au corps, et Van Gogh l'a rendue à l'âme de son âme,

une femme afin de corser la sinistre illusion.

Un jour l'âme n'existait pas,

l'esprit non plus,

quant à la conscience, nul n'y avait jamais pensé,

mais où était, d'ailleurs, la pensée dans un monde uniquement fait d'éléments en pleine guerre sitôt détruits que recomposés,

car la pensée est un luxe de paix.

Et quel est, mieux que l'invraisemblable Van Gogh, le peintre qui a compris le phénoménal du problème, lui chez qui tout vrai paysage est comme en puissance dans le creuset où il va se recommencer.

Alors, le vieux Van Gogh était roi contre qui, pendant qu'il dormait, fut inventé le curieux péché appelé de la culture turque,

exemple, habitacle, mobile, du péché de l'humanité, laquelle n'a jamais su faire autre chose que de manger, au naturel, de l'artiste pour farcir son honnêteté.

En quoi, elle n'a jamais fait que consacrer rituellement sa lâcheté !

Car l'humanité ne veut pas se donner la peine de vivre, d'entrer dans ce coudoiement naturel des forces qui composent la réalité, afin d'en tirer un corps qu'aucune tempête ne pourra plus entamer.

Elle a toujours mieux aimé se contenter tout simplement d'exister.

Quant à la vie, c'est dans le génie de l'artiste qu'elle a l'habitude d'aller la chercher.

Or, Van Gogh, qui s'est fait cuire une main, n'a jamais eu peur de la guerre pour vivre, c'est-à-dire pour enlever le fait de vivre à l'idée d'exister,

et tout peut bien sûr exister sans se donner la peine d'être,

et tout peut être sans se donner, comme Van Gogh le forcené, la peine de rayonner et de rutiler.

C'est ce que la société lui a enlevé pour réaliser la culture turque, celle de cette honnêteté de façade qui a le crime pour origine et pour étai.

Et c'est ainsi que Van Gogh est mort suicidé, parce que c'est le concert de la conscience entière qui n'a plus pu le supporter.

Car s'il n'y avait ni esprit, ni âme, ni conscience, ni pensée,

il y avait du fulminate,

du volcan mûr,

de la pierre de transe,

de la patience,

du bubon,

de la tumeur cuite,

et de l'escharre d'écorché.

Et le roi Van Gogh sommeillait, incubant la prochaine alerte de l'insurrection de sa santé.

Comment ?

Par le fait que la bonne santé c'est pléthore de maux rodés, de formidables ardeurs de vivre, par cent blessures corrodées, et qu'il faut quand même faire vivre,

qu'il faut amener à se perpétuer.

Qui ne sent pas la bombe cuite et le vertige comprimé n'est pas digne d'être vivant.

C'est le dictame que le pauvre Van Gogh

en coup de flamme se fit un devoir de manifester.

Mais le mal qui veillait lui fit mal.

Le Turc, sous sa figure honnête, s'approcha délicatement de Van Gogh pour cueillir en lui la praline,

afin de détacher la praline (naturelle) qui se formait.

Et Van Gogh y perdit mille étés.

De quoi il est mort à 37 ans,

avant vivre,

car tout singe a vécu avant lui des forces qu'il avait rassemblées.

Et c'est maintenant ce qu'il va falloir rendre, pour permettre à Van Gogh de ressusciter.

En face d'une humanité de singe lâche et de chien mouillé, la peinture de Van Gogh aura été celle d'un temps où il n'y eut pas d'âme, pas d'esprit, pas de conscience, pas de pensée, rien que des éléments premiers tour à tour enchaînés et déchaînés.

Paysages de convulsions fortes, de traumatismes forcenés, comme d'un corps que la fièvre travaille pour l'amener à l'exacte santé.

Le corps sous la peau est une usine surchauffée,
et dehors,
le malade brille,
il luit,
de tous ses pores,
éclatés.
Ainsi un paysage
de Van Gogh
à midi.
Seule la guerre à perpétuité explique une paix qui n'est qu'un passage,
ainsi qu'un lait prêt à verser explique la casserole où il bouillait.
Méfiez-vous des beaux paysages de Van Gogh tourbillonnants et pacifiques,
convulsés et pacifiés.
C'est la santé entre deux reprises de la fièvre chaude qui va passer.
C'est la fièvre entre deux reprises d'une insurrection de bonne santé.
Un jour la peinture de Van Gogh armée et de fièvre et de bonne santé,
reviendra pour jeter en l'air la poussière d'un monde en cage que son cœur ne pouvait plus supporter.

POST-SCRIPTUM

Je reviens au tableau des corbeaux.

Qui a déjà vu comme dans cette toile la terre équivaloir la mer.

Van Gogh est de tous les peintres celui qui nous dépouille le plus profondément, et jusqu'à la trame, mais comme on s'épouillerait d'une obsession.

Celle de faire que les objets soient autres, celle d'oser enfin risquer le péché de *l'autre*, et la terre ne peut pas avoir la couleur d'une mer liquide, et c'est pourtant bien comme une mer liquide que Van Gogh jette sa terre comme une série de coups de sarcloir.

Et la couleur de la lie du vin, il en a infusé sa toile, et c'est la terre qui sent le vin, qui clapote encore au milieu des vagues de blé, qui dresse une crête de coq sombre contre les nuages bas qui s'amassent dans le ciel de tous les côtés.

Mais je l'ai déjà dit, le funèbre de l'histoire est le luxe avec lequel les corbeaux sont traités.

Cette couleur de musc, de nard riche, de truffe sortie comme d'un grand souper.

Dans les vagues violacées du ciel, deux ou trois têtes de vieillards de fumée risquent une grimace d'apocalypse, mais les corbeaux de Van Gogh sont là qui les incitent à plus de décence, je veux dire à moins de spiritualité,

et qu'a voulu dire Van Gogh lui-même avec cette toile au ciel surbaissé, peinte comme à l'instant précis où il se délivrait de l'existence, car cette toile a une étrange couleur, presque pompeuse d'autre part, de naissance, de noce, de départ,

j'entends les ailes des corbeaux frapper des coups de cymbale forte au-dessus d'une terre dont il semble que Van Gogh ne pourra plus contenir le flot.

Puis la mort.

Les oliviers de Saint-Rémy.

Le cyprès solaire.

La chambre à coucher.

La cueillette des olives.

Les Aliscamps.

Le café d'Arles.

Le pont où on a envie de plonger le doigt dans l'eau, dans un mouvement de régression violente à un état d'enfance auquel vous contraint la poigne faramineuse de Van Gogh.

L'eau est bleue,
pas d'un bleu d'eau,
d'un bleu de peinture liquide.

Le fou suicidé est passé par là et il a rendu l'eau de la peinture à la nature,

mais à lui qui la lui rendra ?

Un fou, Van Gogh ?

Que celui qui a su un jour regarder une face humaine regarde le portrait de Van

Gogh par lui-même, je pense à celui avec un chapeau mou.

Peinte par Van Gogh extra-lucide, cette figure de boucher roux, qui nous inspecte et nous épie, qui nous scrute d'un œil torve aussi.

Je ne connais pas un seul psychiatre qui saurait scruter un visage d'homme avec une force aussi écrasante et en disséquer comme au tranchoir l'irréfragable psychologie.

L'œil de Van Gogh est d'un grand génie, mais à la façon dont je le vois me disséquer moi-même du fond de la toile où il a surgi, ce n'est plus le génie d'un peintre que je sens en ce moment vivre en lui, mais celui d'un certain philosophe par moi jamais rencontré dans la vie.

Non, Socrate n'avait pas cet œil, seul peut-être avant lui le malheureux Nietzsche eut ce regard à déshabiller l'âme, à délivrer le corps de l'âme, à mettre à nu le corps de l'homme, hors des subterfuges de l'esprit.

Le regard de Van Gogh est pendu, vissé, il est vitré derrière ses paupières rares, ses sourcils maigres et sans un pli.

C'est un regard qui enfonce droit, il

transperce dans cette figure taillée à la serpe comme un arbre bien équarri.

Mais Van Gogh a saisi le moment où la prunelle va verser dans le vide,

où ce regard parti contre nous comme la bombe d'un météore, prend la couleur atone du vide et de l'inerte qui le remplit.

Mieux qu'aucun psychiatre au monde, c'est ainsi que le grand Van Gogh a situé sa maladie.

Je perce, je reprends, j'inspecte, j'accroche, je descelle, ma vie morte ne recèle rien, et le néant au surplus n'a jamais fait de mal à personne, ce qui me force à revenir au dedans, c'est cette absence désolante qui passe et me submerge par moments, mais j'y vois clair, très clair, même le néant je sais ce que c'est, et je pourrai dire ce qu'il y a dedans.

Et il avait raison Van Gogh, on peut vivre pour l'infini, ne se satisfaire que d'infini, il y a assez d'infini sur la terre et dans les sphères pour rassasier mille grands génies, et si Van Gogh n'a pas pu combler son désir d'en irradier sa vie entière, c'est que la société le lui a interdit.

Carrément et consciemment interdit.

Il y a eu un jour les exécuteurs de Van Gogh, comme il y a eu ceux de Gérard de Nerval, de Baudelaire, d'Edgar Poe et de Lautréamont.

Ceux qui un jour lui ont dit :

Et maintenant, assez, Van Gogh, à la tombe, nous en avons assez de ton génie, quant à l'infini, c'est pour nous l'infini.

Car ce n'est pas à force de chercher l'infini que Van Gogh est mort,

qu'il s'est vu contraint d'étouffer de misère et d'asphyxie,

c'est à force de se le voir refuser par la tourbe de tous ceux qui, de son vivant même, croyaient détenir l'infini contre lui ;

et Van Gogh aurait pu trouver assez d'infini pour vivre pendant toute sa vie si la conscience bestiale de la masse n'avait voulu se l'approprier pour nourrir ses partouses à elle, qui n'ont jamais rien eu à voir avec la peinture ou avec la poésie.

De plus, on ne se suicide pas tout seul.

Nul n'a jamais été seul pour naître.

Nul non plus n'est seul pour mourir.

Mais, dans le cas de suicide, il faut une armée de mauvais êtres pour décider le corps au geste contre nature de se priver de sa propre vie.

Et je crois qu'il y a toujours quelqu'un d'autre à la minute de la mort extrême pour nous dépouiller de notre propre vie.

Ainsi donc, Van Gogh s'est condamné, parce qu'il avait fini de vivre et, comme le laissent entrevoir ses lettres à son frère, parce que, devant la naissance d'un fils de son frère,

il se sentait une bouche de trop à nourrir.

Mais surtout Van Gogh voulait enfin rejoindre cet infini pour lequel, dit-il, on s'embarque comme dans un train pour une étoile,

et on s'embarque le jour où l'on a bien décidé d'en finir avec la vie.

Or, dans la mort de Van Gogh, telle qu'elle s'est produite, je ne crois pas que ce soit ce qui s'est produit.

Van Gogh a été expédié du monde par

son frère, d'abord, en lui annonçant la naissance de son neveu, il a été expédié ensuite par le docteur Gachet qui, au lieu de lui recommander le repos et la solitude, l'envoyait peindre sur le motif un jour où il sentait bien que Van Gogh aurait mieux fait d'aller se coucher.

Car on ne contrecarre pas aussi directement une lucidité et une sensibilité de la trempe de celle de Van Gogh le martyrisé.

Il y a des consciences qui, à de certains jours, se tueraient pour une simple contradiction, et il n'est pas besoin pour cela d'être fou, fou repéré et catalogué, il suffit, au contraire, d'être en bonne santé et d'avoir la raison de son côté.

Moi, dans un cas pareil, je ne supporterai plus sans commettre un crime de m'entendre dire : « Monsieur Artaud, vous délirez », comme cela m'est si souvent arrivé.

Et Van Gogh se l'est entendu dire.

Et c'est de quoi s'est tordu à sa gorge ce nœud de sang qui l'a tué.

POST-SCRIPTUM

À propos de Van Gogh, de la magie et des envoûtements, tous les gens qui sont depuis deux mois allés défiler devant l'exposition de ses œuvres au musée de l'Orangerie sont-ils bien sûrs de se souvenir de tout ce qu'ils ont fait et de tout ce qui leur est arrivé tous les soirs des mois de février, mars, avril et mai 1946 ? Et n'y eut-il pas un certain soir où l'atmosphère de l'air et des rues devint comme liquide, gélatineuse, instable, et où la lumière des étoiles et de la voûte céleste disparut ?

Et Van Gogh n'était pas là, qui a peint le café d'Arles. Mais j'étais à Rodez, c'est-à-dire encore sur la terre, alors que tous les habitants de Paris, durent, pendant une nuit, se sentir bien près de la quitter.

Et n'est-ce donc pas qu'ils avaient tous participé de concert à certaines saloperies généralisées, où la conscience des Parisiens quitta pour une heure ou deux le plan normal et passa sur l'autre à l'un de ces déferlements massifs de haine dont j'ai été bien des fois un peu plus que le témoin pendant mes neuf ans d'internement. Maintenant la haine a été oubliée comme les expurgations nocturnes qui s'ensuivirent et les mêmes, qui à tant de reprises montrèrent à nu et à la face de tous leurs âmes de bas pourceaux, défilent maintenant devant Van Gogh à qui, de son vivant, eux ou leurs pères et mères ont si bien tordu le cou.

Mais n'est-il pas, l'un des soirs dont je parle, tombé boulevard de la Madeleine, à l'angle de la rue des Mathurins, une énorme pierre blanche comme sortie d'une éruption volcanique récente du volcan Popocatepetl ?

Composition Interligne à Liège.
Reproduit et achevé d'imprimer
par l'Imprimerie Floch
à Mayenne, le 2 avril 2014.
Dépôt légal : avril 2014.
1er dépôt légal : mars 2001.
Numéro d'imprimeur : 86717.

ISBN 978-2-07-076112-8 / Imprimé en France.

270370